CANTIQUES
SPIRITUELS
ET
PRIERES,

Recueillis par A.H.P.E.L.D.L. qui se recommande à vos Prieres, s'il vous plaît.

A LYON,
Chez GERMAIN NANTY, à la grand' Ruë proche la Boucherie, où se vendent les Almanachs Spirituels.

Pour l'Année 1692.
Avec Approbation & Permission.

A Mr A. H. P. E. L. D. L.
sur son Livre.

Celuy qui tous les Ans nous presente tel Livre,
Envers l'Enfant JESUS y fait voir sa pieté;
Comme il l'aime & qu'il tâche à nous le faire vivre,
Son Nom fait assez voir qu'il est aussi AYMÉ.

AVIS.

LA Pratique sainte des Cantiques Spirituels est aussi ancienne que l'Eglise, S. Paul l'a enseignée aux Ephesiens, c. 5. v. 19. *Remplissez-vous du Saint Esprit, vous entretenant de Pseaumes, d'Hymnes & de Cantiques Spirituels, & psalmodiant du fond de vos cœurs la gloire du Seigneur.* Il y excite encore les Colossiens c. 3. v. 16. par ces paroles. *Instruisez-vous & exhortez-vous les uns les autres par des Pseaumes, des Hymnes & des Cantiques Spirituels, chantant de cœur avec édification les loüanges du Seigneur.* Tous les SS. Peres en ont conservé l'usage dans tous les siécles, persuadés de son utilité : les Hymnes de l'Eglise en sont une preuve, puis qu'elles n'étoient dans leur origine que des Cantiques Spirituels en langue Vulgaire. Leur but est de bannir les Chansons prophanes, & d'élever l'Ame à Dieu.

A ij

CANTIQUE SPIRITUEL,

Sur l'air, Quand Valdec apperçut l'Armée, &c.

Quand je vois les tristes allarmes
Que nous prepare l'avenir,
Mes yeux versent d'ameres larmes,
Mon cœur s'abandonne au soûpir.
℟. Adieu plaisir, adieu plaisir,
Tu n'auras plus pour moy de charmes,
C'est Dieu seul que je veux cherir.

Sur l'air, Quand nous serons à l'autre monde, &c.

PEcheurs craignez pour l'autre monde,
On est surpris par le trépas ;
℟. L'Enfer est remply de Helas !
Tout y fremit & tout y gronde,
L'Enfer est rempli de Helas !
Il n'est qu'horreur en ces lieux bas.
   2. Faut il que vôtre cœur se fonde

Sur des plaisirs pleins d'embarras;
Quittés ces soins, portés vos pas
Au Ciel où tout bonheur abonde,
Quittés ces soins, portés vos pas
Au Ciel où tout est plein d'appas.

Sur les Airs des Opera.
Sur l'air, Dans cette paisible retraitte, &c. du Prologue de Phaëton.

Dans cette paisible retraitte
Dieu fait ressentir ses attraits,
Dans cette paisible, &c.
Mais qui veut y gouter une douceur parfaite,
Doit de l'amour trompeur méprifer tous les traits ;
Mais qui veut y gouter, &c.
C'est avec plaisir qu'on admire
Dans ce sejour les beautés du Seigneur.
Là charmé de voir sa grandeur,
Pour ses appas sans cesse l'on soûpire ;
Il sçait parler au cœur, il sçait combler de biens
Une Ame qu'il retient dans ses sacrés liens :

Aux loix d'un si beau sort mon
   esprit s'abandonne,
Le bonheur qui l'environne
Calme tous mes desirs
Le bonheur qui l'environne, &c.
Heureux, heureux si le Ciel me
   donne
De si charmans plaisirs :
Heureux, heureux, &c.

Sur l'air, Venez, venez goûter les doux fruits de la gloire, &c. *de l'Opera de Bellerophon, Acte I. Scene V.*

L'Ange.

EVeillés-vous Bergers & me
   prestés l'oreille,
Regardés qui je suis pour écouter
   ma voix.

Sur l'air, Seigneur quand, &c.

Vn Berger.

Compagnons qu'est-ce que je vois ?
Je doute encore si je veille.

Sur l'air, Aprés avoir, &c.

L'Ange.

Je suis le Messager du Roy du fir-
   mament,

Qui m'ordonne de vous aprendre,
Et pour vous rendre tous ravis
d'étonnement,
D'autant qu'il est plus étrange,
Vous vous trouverés heureux.
Sur l'air, Ha puis-je, &c.

Vn Berger.

Ha ! vous nous suspendés, expli-
qués-vous bel Ange.
Sur l'air, La valeur obtient, &c.

L'Ange.

C'est le Verbe de Dieu qui de-
mande vos vœux,
Il vient tout à l'heure de naître,
Et je viens vous en avertir,
Pour aller reverer son Estre,
Berger hâtés-vous de partir.
Sur l'air, Surpris de tant, &c.

Vn Berger.

Nous aller voir un Dieu, que di-
tes vous bel Ange ?
Nous de simples bergers, ha ! vous
n'y pensés pas :
Cette audace seroit étrange,
Et nous y perdrions nos pas :
Commandés-nous toute autre
chose,

Et nous y trouverons plus de facilité.
Sur l'air, Estre l'appuy, &c.
L'Ange.
Bergers ce que je vous propose
Vous le ferés sans peine & sans difficulté;
Il est en Bethleem dans une grotte obscure,
Où dans lui seul brille sa dignité.
Sur l'air, Faites tous voir, &c.
Une Bergere.
Vit on jamais telle avanture?
Un Dieu veut être visité.
Sur l'air, Quand un Vainqueur, &c.
Les Bergers.
Mais un Dieu recevoir des visites champêtres :
Mais l'Ange nous l'a dit à tous.
Sur l'air, Celui qui nous, &c.
Bergers & Bergeres.
L'on étoit prevenus de nos premiers Ancestres
Qu'il viendroit un jour parmi nous.
Sur l'air, Disons cent fois, &c.

Chœur des Bergeres.
Que faisons-nous, qu'attendés-
vous Bergeres ?
Soyés donc promptes & legeres.

Sur l'air, Que dans le Temple de memoire, &c. *du Prologue d'Armide.*

CHantons les grandeurs nom-
pareilles
D'un Seigneur si doux & si bon;
Invoquons toûjours son Saint
Nom,
Loüons ses illustres merveilles,
Invoquons toûjours, &c. *trois fois.*

Sur l'air, Les plaisirs à ses yeux, &c.
d'Athis.

JEsus mourant pour nous a
dompté les Enfers,
Il délivre les siens au prix de sa
victoire ;
Celebrons par nos airs
Son triomphe & sa gloire.

Sur l'air, Suivons l'Amour, c'est luy qui
nous mene, &c. *d'Amadis.*

Suivons Jesus, c'est lui qui nous mene,
Tout doit sentir son aimable ardeur ;
Son saint Amour adoucit la peine
Qu'on peut trouver à lui garder son cœur.
Mortels celebrons la gloire
D'un Dieu si bon & si doux,
Ne perdés pas la memoire
De ce qu'il a fait pour vous,
Faites bien connoître en gardant sa Loy,
Qu'il est vôtre Maître,
Qu'il est vôtre Roy ;
Qu'il est vôtre Maître,
Qu'il est, qu'il est vôtre Roy.
Chantés des Chansons nouvelles,
Au Seigneur qui fait les Saints,
Qui répand sur les fidelles
Des faveurs à pleines mains.
Il punit les cœurs rebelles,
Il fait le fort des humains,
Il punit, &c.

Sur l'air, Si je n'ay pû fléchir l'inhumaine,
&c. Chacone d'Acis & Galatée.

JE ne veux plus vivre dans la gêne,
Où le monde trompeur m'a long-tems retenu,
Et je brise ma chaine sans peine,
Je brise ma chaine,
Et je veux suivre la vertu ;
Quand on a le cœur mondain,
Chers amis n'en faisons pas le fin,
Quand on a le cœur mondain,
On ne ressent que chagrin ;
Mais lors que le cœur
S'attache au Seigneur,
Ha ! qu'il a de douceur :
Mais lors que le cœur
Avec ferveur,
S'unit à Dieu, qu'il goute de bonheur.
Ne formons point d'autre desir,
Pour ne passer la vie qu'en vray plaisir,
Ne formons point d'autre desir,
Si nous voulons avoir mille plaisirs.

Sur l'air, Un plein repos favorise, &c. *de l'Idille sur la Paix.*

Voix seule.

UN Dieu naissant vient contenter nos vœux,
Mortels chantés la nuit, chantés la nuit qui vous rend tous heureux.

Tout le Chœur.

Un Dieu naissant vient contenter nos vœux,
Chantons, chantons la nuit qui nous rend tous heureux.

2. Charmante nuit qui fait voir sur la terre,
Le doux Jesus objet de nos desirs,
Tu nous viens donner les plaisirs
Que depuis si long-tems demandoient nos soûpirs,
Tu bannis l'horreur de la guerre.

Tous.

Un Dieu naissant, &c.

3. Tu rends la paix que Satan & le crime,
Ces cruels monstres de l'abîme,
Chasserent

Chafferent autrefois, de nôtre bien
 jaloux ;
Mais à prefent que nôtre fort eſt
 doux,
Puifque Jesus veut bien fe rendre
 la victime,
Qui d'un Dieu pouvoit feule ap-
paifer le courroux.
 4. L'excez de cét amour n'eſt-il
 pas admirable ?
Le Sauveur prend fur foy la peine
 du coûpable.
Tout le Chœur.
Un Dieu naiſſant, &c.

Sur l'air, Goutons bien, *ou* Ménageons les plaifirs bergeres, &c. *Sur l'Eglogue ou Grotte de Verfailles.*

1. Accourons vîtement Ber-
 gere,
Pour adorer le Fils de Dieu,
Qui d'un amour fincere,
Eſt né dans un bas lieu ;
Il nous veut faire faire
A tous pechez adieu.
 2. Il naiſt tout nud dans un
 étable,

B

Il en fait son plus beau Palais,
D'une Amande honorable
Effaçant nos pechez ;
Ha qu'il est admirable !
Aimons le desormais.

3. Son lict est une dure Créche,
La pierre est son plus mol coussin ;
Dans mon cœur il fait brêche,
Et n'est point assassin,
De son amour la flèche
N'a rien que de Divin.

4. Il embrase à tous coups mon ame
De l'ardeur de ses feux charmans,
Et sa divine flâme
M'échauffe à tous momens ;
Je sens bien qu'il enflâme
Mes desirs languissans.

5. Comme un cerf court à la fontaine
Pour y rafraîchir son ardeur,
Mon Ame d'amour pleine,
Va chercher son Sauveur ;
Elle est toute certaine
D'y trouver son bonheur.

6. Il vient s'immoler pour Victime

A Dieu contre nous irrité;
Il veut purger le crime
De toute saleté,
Tant ce Dieu nous estime,
Il naist en pauvreté.

Sur l'air, Ne m'aimerez-vous point inhumaine, &c. *de la Pastorale Tirsis & Sylvie de M. Gautier Maistre de Musique.*

Dialogue entre un Directeur & une Ame Devote.

Le Directeur.

Aimez-vous tendrement le
　Sauveur de nos Ames?
Dites-moy son divin Amour;
A-t'il bien tout vôtre retour?

L'Ame devote.

Oüy, Jesus a toutes mes flâmes;
Mais la plus vive charité
N'égalera jamais ses divines bôtés.
Suite sur l'air, Quoy m'aimés-vous,
　Sylvie, &c.

Le Directeur.

Que vous serez heureuse
Si cet objet si saint occupe vos
　desirs.

B ij

Tous deux.

Aimons JESUS, une Ame vertueuse
Goûte toûjours de solides plaisirs.

Sur l'air, Ie vay partir belle Ermione, &c.
de Cadmus & Ermione.

Vous pleurés, Divine MARIE,
Lors que vous entendés le saint Enfant qui crie
Sur l'Autel dont son sang est teint;
On éprouve déja cette tendre victime,
Vôtre cœur par vos pleurs dans ce moment s'exprime,
Comme étant vivement atteint.
℟. Ha Seigneur ! quel est vôtre amour ?
De vouloir naître icy pour la Nature humaine,
Pour souffrir encore la peine
Des maux que je fais châque jour,
Vous qui êtes innocent & vous voulez pour elle
Avoir une Vie mortelle,
Ha Seigneur ! quel est vôtre amour.

Sur l'air, Ha que sur nôtre cœur, &c.
des festes de l'Amour & de Bacchus
Acte I. Scene IV.

HA! que dans tous nos cœurs
Le peché cause de malheurs,
Par son cruel empire ;
Nous desirôs de pouvoir en sortir,
Et cependant bien loin que nôtre
   repentir
De sa langueur doucement nous
   retire,
Sous son pouvoir nous souffrons
   un martyre,
Qui ne pourra jamais finir,
Si Dieu de ce mal ne nous tire ;
Qui ne pourra, &c.   [mer,
Ce même Dieu a voulu nous for-
Avec un cœur qui se peut enflâmer
De son amour tout adorable :
Contre ses traits si doux cessons de
   nous armer,
C'est le bien seul incomparable,
Qu'on ne peut trop aimer,
Quoy qu'il soit redoutable,
Helas ! vous tous ses Saints que
   vous étes heureux,

De n'avoir plus nulle contrainte,
Et d'être sans aucune crainte
Délivrés des dangers où sont tous
   les pecheurs ;
Mais tous plongés dans la misere,
Ce grand Dieu tout-puissant nous
   fera comme à vous
Sentir sa bonté toute entiere :
Priés pour nous ce divin Pere,
Que de tous nos pechez il nous dé-
   livre tous.

Sur l'air, Quand vos *ou* nos haubois, &c. *du Prologue d'Enée & de Lavinie de M. Colasse.*

Quittons, quittons la fole envie
Qui nous porte à chercher des
   plaisirs dans la vie ;
En est-il icy-bas ?
Les vrais appas
Sont tous pour un Chrétien au de-
   là du trépas.

Sur l'air, Que vous avés d'attraits, &c. *de la Pastorale du triomphe des Amans constans, ou de la Constance, de M. des Fontaines, du Prologue.*

Que vous avez d'attraits
Belle vertu, que vous êtes
aimable,
On vous doit aimer à jamais, à jamais, à jamais, &c.
Que vous êtes admirable !
Mon cœur est percé de vos traits,
Que vous avez d'attraits, &c.

Sur l'air, Profitez quand il est tems, &c. de Medée.

Profités de vos jeunes ans
Pour mener une sainte vie,
Pecheurs Jesus vous y convie,
Aimez le pour vivre contens,
Aimez, aimez-le pour vivre contens.

Sur l'air, L'Amour vous offre un sort charmant, &c. de Coronis.

Jesus vous offre un sort charmant
Dans ses agreables demeures,
N'en perdez pas un seul moment,
Il n'est point de plus douces heures
Que celles qu'on passe en l'aimant.

De l'usage qu'un Chrêtien doit faire des afflictions.

I. Nous ne devons jamais nêtre surpris des renversemens qui nous arrivent, puisque nous sçavons que le monde est un torrent qui passe avec une rapidité que rien ne peut arrester, & qui emporte necessairement avec soy nos richesses, nos plaisirs, nos grandeurs, & toutes les choses temporelles où les hommes encore foibles ont coûtume de se reposer. Ce que nous avons à faire de nôtre part, est de regarder par la lumiere de la foy tout ce qu'on appelle des biens pour en voir le neant, & de les méprifer comme des choses qui ne peuvent jamais rien contribuer à nôtre salut, & qui y peuvent nuire en mille manieres. *Satis est si non nocent, nam prodesse non possunt* C'est de les posseder sans y être attachés, & comme ne les possedant pas. C'est d'en user en sorte que nous soyons aussi prêts de n'en point user. C'est d'arrêter nôtre cœur & toutes ses affections à Jesus Christ seul, afin qu'il nous soûtienne par sa force, & qu'il nous rende tellement immobiles en luy, qu'il n'y ait point de tempêtes, ni de tentations, quelques violentes qu'elles soient, qui nous puissent faire tomber dans la défiance, dans l'impatience, dans le murmure, dans le trouble, & moins encore dans cette dangereuse tristesse du siécle, qui est si souvent mortelle aux ames qui s'y abandonnent. *Tristitia sæculi mors est.*

II. La plûpart des hommes, quand ils ont perdu les biens qu'ils affectionnoient, s'agitent beaucoup: le regret & la crainte les troublent également. Ils se remplissent la memoire des commoditez qu'ils n'ont plus. Ils se tourmentent de l'impuissance où ils se trouvent de faire reüssir leurs desseins. Ils entrent par avance dans tous les maux qu'ils prevoyent leur devoir arriver, & se privent eux-mêmes de la paix, qui est un tresor d'où ils pourroient suppléer à tous leurs besoins. Mais les vrais Chrêtiens qui vivent de la foy, se dégagent en un moment de toutes ces inquietudes, en les mettant & se mettant eux-mêmes entre les mains de Jesus-Christ. Ils sçavent que leur vie est un voyage d'un moment. Ils passent par la foy jusqu'à l'état de l'autre vie ; & tout d'un coup par cette veuë ils se délivrent de toutes les fausses joyes, & de toutes les vaines afflictions de celle-ci. Quand donc quelque chose nous incommode, quand nous souffrons, ou par l'injustice des hommes, ou par d'autres accidens, disons-nous à nous-mêmes: *Transi, & non erunt*. Passons dans l'Eternité qui est si proche de nous, & tous ces maux qui nous paroissent si terribles, s'évanouiront en un moment.

III. Mais Jesus-Christ qui a tant travaillé pour nous, veut que nous fassions quelque chose de plus pour luy. Il faut que le monde en se perdant à nôtre égard nous profite, & que nous experimentions ce que dit Saint Augustin : *Vnde derelinquimur, inde juvamur* ; que les choses temporelles, en nous abandonnant, nous comblent de toutes sortes de biens ; qu'en perdant de fausses richesses nous en trouvions de veritables ; que mourant à tout ce que nous aimions, & que nous ne devions pas aimer, nous ne perdons que des chaines, qui nous tenoient captifs; & qu'enfin si nous voulons bien que Jesus-Christ nous ôte tout ce que nous avons, il nous sera luy-même toutes choses.

IV. Quand Jesus-Christ dans le Ciel paroîtra à ses Saints plein de gloire & de majesté, il imprimera en eux cette même gloire dont il est revêtu, & en le voyant ils luy deviendront semblables. *Cum apparuerit, similes ei erimus, quoniam videbimus eum sicuti est.* Mais maintenant quand il paroît sur la terre à des hommes encore pecheurs, c'est pour les faire entrer dans les dispositions de sa vie mortelle, & pour leur apprendre à l'imiter dans sa pauvreté, dans ses humiliations & ses croix. Saint Paul est une preuve de cette verité; car c'est dans une de ces apparitions qu'il receut même dans son corps les marques de Jesus Christ crucifié, & qu'il apprit combien il devoit souffrir pour son nom. L'on peut dire que la même chose nous arrive lors que nous perdons une partie considerable de nôtre bien, & ce nous doit être un sujet de consolation, de penser que Jesus-Christ nous a apparu, qu'il a laissé même sur nous quelques marques de sa pauvreté, & qu'il l'a fait pour nous rendre semblables à luy. C'est pourquoy il faut veiller sur soy-même,

même, afin d'eſtimer ces marques de la preſence de Jeſus-Chriſt autant qu'on le doit. Et comme l'Apôtre, bien loin de ſe plaindre des Croix que le Sauveur du monde lui envoye, s'en glorifie; ainſi dans les peines qui nous arrivent, conſiderons comme une grande faveur de participer à la pauvreté de Jeſus-Chriſt, & eſtimons-la plus que toutes les richeſſes du monde. Lorſque nous n'avons pas eu de grandes afflictions, nous ne pouvons pas dire que Jeſus-Chriſt nous ſoit apparu tel qu'il eſt, parce qu'il ne nous a pas encore imprimé les marques de ſa pauvreté & de ſes ſouffrances. Mais quand il nous arrive quelque perte conſiderable, nous pouvons dire que Jeſus-Chriſt nous paroit tout nud à la Croix, & qu'il commence à nous rendre ſemblables à lui. Nous devons alors correſpondre à cette grande grace, & nous glorifier d'être nud avec lui, & crucifié en tout ce qui nous eſt de plus cher.

V. Nous ne devons jamais être surpris lors que Dieu nous éproune par le feu des afflictions, comme si quelque chose d'étrange & d'extraordinaire nous arrivoit, mais plûtoît nous avons tout sujet d'esperer, que plus elles seront pressantes, & plus conformes à celles de Jesus-Christ, plus elles seront efficaces pour nous purifier de nos pechez & pour nous sanctifier. *Quantò strictius, tantò melius.*

Si nous sommes appellez, & si nous sommes en effet les enfans de Dieu, souffrons donc avec patience qu'il nous reprenne de nos fautes, qu'il nous en purifie en la maniere qu'il luy plaira, & qu'il nous traite avec la même severité qu'il exerce envers tous ceux qu'il aime. *Quos amo arguo & castigo.* Et si nous aimons l'heritage d'un tel Pere, aimons aussi ses châtimens.

Gavotte des Païsans du triomphe de la Paix de M. Gautier-Maître de Musique.

Mon doux Maître,
Je veux être
Vôtre humble Adorateur :
℞. Quel bonté ! quelle faveur !
Mon doux Jesus vient de naître,
Pour sauver un pauvre pecheur,
Je vous donne tout mon cœur.

Sur l'air, Puis qu'on ne peut un jour, &c. *en Bourrée de M. de Bousset, d'Avril May & Iuin.*

IL faut aimer toûjours,
Un Dieu plein de tendresse,
Et luy faire la Cour
D'un cœur plein d'allegresse :
℞. Quand son amour nous presse,
La grace fait son cour.

2. Passons de nos beaux jours
Quelque tems en retraite,
Dieu donne son amour
A l'Ame plus parfaite ;
℞. Quelle ame ne souhaite
De l'adorer toûjours.

C ij

Sur un air nouveau de M. Ormancey Maître de Musique.

Venez, venez au jour divin Enfant,
Venez donner le repos à la terre.
℟. Le monde vous attend
Pour terminer la guerre,
Et pour briser des fers
Où le demon retient tout l'univers.

2. Venez finir les Vœux des Nations,
Venez remplir le souhait des Prophetes,
℟. Et leurs Predictions ;
Venez, venez & faites
Qu'on admire en tous lieux
Les effets de l'amour victorieux.

3. Amour, amour que vous êtes charmant,
Quand il s'agit de racheter les hommes,
℟. Un Dieu devient Enfant,
Mortel comme nous sommes ;
Il quitte sa grandeur,
Pour venir rechercher l'homme pecheur.

4. Le Tout-puissant, le Fils de
l'Eternel,
Abandonant la droite de son Pere,
Vient prendre un corps mortel
Dans le sein d'une Mere,
Et dans cette prison
Il commence nôtre Redemption.

5. O quel amour pecheur! quelle bonté !
Celuy devant qui tremblent tous
les Anges,
Et dont la Majesté
Fait trembler les Archanges,
Est reduit dans ce jour
A n'avoir qu'un étable pour sejour.

Sur un air composé par feu Messire Iean Pouha, Vicaire du Monastere Royal de S. Pierre & S. Saturnin, & jadis Maistre de la Musique de la Chapelle de la Compagnie Royale de N. Dame de Confalon de Lyon.

Venez mortels, venez voir un
étable,
Arrestez-vous sur la paille & le
foin,

Découvrez-y le prodige admirable,
Qui va rangeant l'Immense dans un coin :
℟. Accourons tous à ce spectacle,
A ce miracle ;
℟. Jettôs-nous tous à deux genoux,
Jesus que faites-vous pour nous ?

2. Considerez que la puissance même
Du Roy des Roys & d'un Dieu triomphant,
Va se couvrant de la foiblesse extrême
D'un petit corps d'un imbecille enfant.
℟. Accourons tous, &c.

3. Mais admirés comme Dieu l'impassible,
Souffre le froid d'un hyver rigoureux :
Voyés ses pleurs, & s'il vous est possible,
Réjouïssez l'objet des bien-heureux.
℟. Accourons tous, &c.

Sur un air nouveau.

Reveillez vous Troupe Rustique,
Vous dormez, sus levez-vous,
℟. L'Ange parle d'un Dieu, écoutez son Cantique ;
Cette divine Musique
Invite d'y aller tous.

2. Allons, allons voir la merveille,
De ce Dieu qui vient des Cieux :
℟. Entrons tout doux, tout doux, le voilà qui sommeille,
Gardés qu'on ne le reveille,
Helas ! il ouvre ses yeux.

3. Que faites-vous Poupon aimable,
Caché dans ce petit coin ?
℟. Hé quoy faut-il qu'un Dieu tout puissant adorable,
Pour logis prenne un étable,
Et pour couche un peu de foin ?

4. Que je vous plains ma Souveraine,
Que vous êtes pauvrement :

℟. Chaste & divin Epoux j'admire vôtre peine,
A soulager cette Reyne
Par ce tendre empressement.

5. Que vôtre amour, mon petit Maître,
Cause icy d'étonnement:
℟. Cesser d'être immortel, parmy nous venir naître,
Pour gagner le cœur d'un traître,
Que ce change est surprenant!

6. Venés loger dedans nos ames,
Faites-y vôtre sejour;
℟. Penetrés tous nos cœurs du brillant de vos charmes,
Et que vos divines flâmes
Nous fassent mourir d'amour.

7. Ferme soutien de cette guerre,
Où sont allés vos enfans?
℟. Faites si bien gronder vôtre éclattant tonnerre,
Que l'infidelle Angleterre,
Les reçoive triomphans.

8. Conservés bien, bonté suprême,

Loüys nôtre illustre Roy ;
℟. Faites briller ses lys, gardés son diadême ;
Car son desir extrême,
N'est que vôtre unique Loy.

9. Et l'on verra son bras fidele
Animé de nôtre Foy,
℟. Renverser de Calvin la Secte criminelle,
Forcer sa troupe rebelle,
D'adorer la sainte Croix.

10. Tous les Barbets lâcheront prise,
Dépouïllés de leur erreur,
℟. Les yeux noyés de pleurs rentrerons sans remise
Dans le sein de l'Eglise ;
Nous n'aurons qu'un même cœur.

11. Que de bonheur dedans nos Villes,
Que de douceur dans l'Etat,
℟. Nous serons trop heureux, nos champs seront fertiles,
Et nous vivrons fort tranquilles,
Chantons un *Exaudiat*.

Sur l'air, Qu'une ame à changer diligente, &c. *de M. Marais Ordinaire de la Musique de la Chambre du Roy, qui a fait graver à 1. & 2. violes, un livre qui se vend à Paris chez l'Auteur, ruë Quinquampois, au Chef de S. Iean, du costé de la ruë aux Ours.*

QUe tout pecheur se diligente
A sortir d'un mortel lien,
℟. L'amour divin toûjours enchante,
Le mondain sans cesse tourmente,
Ce n'est qu'en Dieu qu'on trouve
un veritable bien,
tout le rest e n'est rien.

Sur le même air.

Qu'une Ame à prier diligente,
S'épargne de cruels malheurs;
℟. C'est par une Oraison fervente,
Que de pecher elle s'exempte;
Les momens que l'on donne au
Seigneur des Seigneurs,
Sont remplis de douceurs.

Sur l'air, Que l'hyver fasse peur à toute la nature, &c.

A-T'on veu dans nos champs
jamais tant de merveilles?
On annonce par tout que la joye
& que plaisir ;
Un concert dans les airs enchante
nos oreilles,
Et forme dans nos cœurs des ce-
lestes desirs.
℟. Alon Bergi parton, alon vay quet
issen,
Y a ben quoque novio, entendi le
zobade :
Ha le bragarde serenade !
Quoque Rey du Ciel no déceu,

Sur l'air, Vous l'avez entendu ce soûp'r
tendre & doux, &c. *du 2. volume des 3.
livres gravez avec le double en 1668.*

VOus l'avez entendu ce soûpir
tendre & doux,
Et vous sçavés assez pour pour qui
mon cœur soûpire :
Helas charmant JESUS ! oseray je
le dire ?
Vous sçavez que l'amour, que l'a-
mour l'a fait naître pour
vous.

2. Quoy vit-on sans aimer un
 si charmant Epoux ?
Trop heureux est le cœur qui pour
 luy seul soûpire :
℟. Helas ! se pourra-t-on empêcher
 de le dire ?
Mon JESUS, mon amour, cüy je
 brûle pour vous.

3. Je veux me détacher de tout
 autre que vous ;
On doit tout mépriser pour suivre
 vôtre empire :
℟. Helas ! je souffrirois un rigoureux martyre,
S'il falloit un seul jour partager
 mon amour.

4. J'ay trop tardé, mon Dieu, à
 me donner à vous,
A me laisser brûler par vos divines
 flâmes ;
℟. Vangez-vous desormais sur mon
 cœur & mon ame,
Vangez-vous, vangez-vous, vangez-vous, consumez-moy
 d'amour.

5. Saints Anges qui formés mille
 harmans concerts, Pour

Pour chanter du Seigneur la divine loüange,
℟. De nos heureux accords faisons un doux mélange,
A la gloire & l'honneur, & l'honneur du Roy de l'Univers.
6. Si j'avois comme vous cette celeste ardeur,
Qui pour le Dieu vivant vous occupe sans cesse,
℟. Qu'heureux seroient les soins, heureuse la tendresse,
Qui de l'amour divin, de l'amour consumeroit mon cœur.

Sur l'air, Jusqu'à Venizo avez couru, &c. *du Mercure Galant du mois de Juin.*

TU courois à des vains plaisirs,
Qui ne sont que fumée,
℟. Mon ame, de plus saints desirs
Te rendront enflammée.
2. C'est à Dieu que tu dois porter
Tes vœux & ta tendresse,
Son amour peut seul meriter
Tout l'amour qui te presse.

D

De la premiere Partie des 2. livres d'airs Spirituels de M. de Bacilly, regravé en 1688 qu'il vend à Paris ruë S. Honoré, vis à vis les Ecuries de Monseigneur le Dauphin, ou chez G. de Luines, au Palais dans la Salle des Merciers à la Iustice, ou chez sieur I. Girard, à la grand Salle du Palais à l'Envie, ou I. le Fevre, au dernier pilier de la grand Salle du Palais, ou M. Gueroult Cour neuve du Palais, au Dauphin, Trio & Rondeau.

℞. IL faut être insensé pour croire,
Qu'on puisse être heureux, être heureux icy-bas,
℞. Le plus parfait bonheur, la plus solide gloire,
N'ont rien que de trompeurs appas.
℞. Il faut être, &c.

Double du même air.

2. ℞. Fuyons la trompeuse apparence
De ce qui passe en un moment;
℞. Tous les plaisirs mondains n'ont que de l'inconstance,
Ce n'est qu'un vain enchantement.
℞. Fuyons, &c.

Sur l'air, Que l'hyver a de charmes, &c. *recit à 2. des sixiémes livres à 2. & 3. parties de M. du Buisson.*

QUe Jesus a de charmes !
Il vient faire cesser les funestes allarmes
Que l'Enfer preparoit au malheureux pecheur.
℞. Que Jesus a de charmes !
Il nous donne sa paix, il vient tarir nos larmes,
Il nous ouvre le Ciel, l'objet de nos ardeurs,
℞. Que Jesus a de charmes !

Sur l'air, On dit qu'Amour vient surprendre, &c. *Gavotte des Duo de Mademoiselle de Menetou.*

SI le Demon vient surprendre
Nôtre trop foible raison,
Le secret pour se défendre,
N'est autre que l'Oraison ;
℞. Contre ses cruelles armes
Ma foy me sçaura garder,
Et la Priere a des charmes

D ij

Ausquelles tout doit ceder.

Sur l'air, D'un amour tendre, &c. *des airs de M. H. de Baussen, Musicien & Compositeur de feuë son Altesse Mademoiselle de Guise, de Fevrier* 1691.

Laissons-nous rendre
Sans plus attendre,
A l'amour tendre

D'un Dieu { Enfant, Puissant, Mourant,

℞. Fort aisément
Un cœur s'y laisse prendre,
C'est vainement
Qu'il voudroit s'en défendre.
Laissons-nous rendre, &c.

Sur l'air, Heureux l'Amant dont la Bergere, &c. *Trio du* 33. *livre de differens Auteurs.*

℞. Heureux celuy qui n'a d'envie
Toute sa vie,
Heureux celuy qui n'a d'envie
Qu'à vivre en Chrétien,

Dieu seul nous y convie,
Et rien ne nous envie
Ce tres-souverain bien
Dont nôtre ame est toute ravie.
℞. Heureux, &c.
Et nôtre peine doit être suivie
Du Paradis, du Paradis,
Tout le reste n'est rien.
℞. Heureux, &c.

Sur l'air, En vain l'Amour éclatte, &c. *Trio du* 16. *recueil de Chansonnettes, à* 2. *&* 3. *parties de M. Duparc.*

L'Amour divin éclatte,
Jesus nous vient donner son cœur,
℞. Si la Creature est ingratte,
Helas ! quel sera son malheur ?
  2. Soyons, soyons sensibles
Aux doux appas de cet Amour
℞. Que son feu nous trouve accessibles,
Aimons Jesus à nôtre tour.

Sur l'air ; Boire un coup, en boire deux, &c.

air Amants faites vôtre moisson, &c. *ou*
Tirsis étant sous un ormeau, &c.

VN Dieu, un Roy, & une Loy,
Une Foy, un Baptême,
Un Dieu & homme comme moy,
Une Eglise de même,
Et à la fin un Paradis
Le sejour de nos ames,
En professant ce que je dis,
Ou gemir dans les flâmes.

Un Dieu.

2. Je crois fermement en un
Dieu,
Eternel & immense,
Qui voit jusqu'au plus secret lieu
De nôtre conscience,
Bien qu'à l'œil le plus penetrant
Il soit tout invisible,
Et au cœur plus intelligent
Tout incomprehensible.

Un Roy, & une Loy.

3. Pour seurement suivre la Loy,
Nôtre plus grand affaire,
Est de garder celle du Roy
Du Ciel & de la terre:
Le Ciel & la terre passeront

Et non point sa parole,
Que le compte que nous rendrons
Soit jusqu'à une obole.

Vne Foy & un Baptême.

4. Le Baptême premierement,
Dans la Foy nous éleve,
Si nous tombons en manquement,
Penitence releve :
Au plus auguste Sacrement
Nous rendons des hommages,
Il est de l'ame l'aliment
Et sa guide au passage.

Vn Dieu & Homme.

5. Du Fils de Dieu l'Humanité
Tout le monde revere,
On veut être en liberté
Honorant ce Mystere ;
Continuons nos sentimens,
Pour avoir bonne chance,
Ce n'est plus à Bethleem
Qu'on trouve son enfance.

Vne Eglise.

6. Mahomet dans son Alcoran
Fait mille impostures,
Luther & tous ses adherans
Luy font beaucoup d'injures ;

Cy-devant tant de Saints Heros
Ont souffert le martyre,
Loüys à present veut à propos
Aggrandir son Empire.
   7. Les Romains sont les Pasto-
      raux
Qui le vont reconnoître,
C'est l'unique & vray troupeau
Duquel il est le Maître :
Les Sectes sont faites de loups,
Et de cruelles bêtes,
Qui de nôtre bercail jaloux,
Voudroient le mettre en reste.
   Vn Paradis, & par consequent
      un Enfer.
   8. Seurement nous sommes en
      voy
Pour aller à la gloire ;
Mais persistons en nôtre Loy,
Continuons de croire,
Que le Sauveur est né pour nous,
Qu'un Pape est son Vicaire,
Et qu'à Dieu nous parviendrons
   tous,
Suivant son ministere.
   9. On sçait que l'Enfant l'autre
      année

Parloit par eloquence,
Avec une langue enflammée,
Plus longue qu'une lance ;
Que tous ceux qui ne voudront pas
Tenir nôtre croyance,
Ressentirons à leur trépas
Le bras de sa puissance.

Sur l'air, Dans nos bois Sylvandre s'écrie, &c.

PEre Adam que tu fus infame,
Pere Adam, c'est pour nôtre dam,
℞. Que tu mangea de ce fruit défendu ;
Helas ! pourquoy crus-tu ta femme ?
Nous n'aurions pas le trépas attendu ;
Helas ! tu nous as tous perdu.

2. Le peché nous rend perissables,
Le peché nous a empêché,
℞. D'adorer Dieu tout-puissant Createur,
Helas ! nous sommes miserables,

Si le cher Sang de son Fils Redem-
pteur,
Hèlas ! ne nous rend le bonheur.
3. De nos voix demandons-luy
grace,
De nos voix crions mille fois,
℞. Qu'il donne à tous pour toûjours
le pouvoir,
Helas ! de le voir face à face ;
Efforçons-nous de l'aimer, c'est
l'espoir,
Helas ! que nous devons avoir.
4. Gloire soit au Pere celeste,
Gloire soit au Pere Eternel,
℞. A Jesus-Christ qui reprit son
saint Corps,
Helas ! c'est pour nôtre conquête ;
Au Saint Esprit qui nous rend l'es-
prit fort,
Helas ! à l'heure de la mort.

Sur l'air, Mon cœur qui se rend à vos coups,&c. *du premier des 3 livres d'airs Spirituels à 2. parties, ou conversion de quelques-uns des plus beaux de ce tems par le P. Bertot Religieux de l'Obser-vance, imprimé à Paris par le sieur Ba-*

lard seul Imprimeur du Roy pour la Musique ruë de S. Iean de Bauvais au Mont Parnasse.

JEsus les tourmens & les coups
Qu'on vous fait endurer, sont-
ils connus de vous ?
Mourez-vous d'une mort que vous
ayez preveuë ?
℟. Oüy, grand Dieu, tous les maux
qu'on vous a fait souffrir,
Sont tous presens à vôtre veuë,
Vous êtes venu pour mourir, pour
mourir.

Sur l'air, Un feu si doux s'allume dans mon ame, qui dans l'ardeur, &c. *& autres airs qui y sont nottez à 2. parties.*

Epithalame, ou Chant Nuptial des Nopces de l'Agneau, divisé en 12. Chants, tres-propre aux Missionnaires pour le faire chanter, aux personnes devotes pour le mediter, le lire, & s'en servir pour bien communier, aux heretiques pour se convertir, & à tous les fideles pour s'en édifier. A Paris chez sieur Iaques Laisné sur le Quay des Augustins à la fleur de Lys.

Premier Chant.

Le grand Sacrifice de l'Agneau dans les

Cieux, & son Banquet Nuptial au sein de son Pere, dont l'Eucharistie est la memoire en terre.

LE Sein de Dieu comme une riche Sale,
Sert d'apareil à la Nopce Royale,
Qu'il prit dessein de faire au même lieu,
Pour regaler les Anges & les hommes,
Il occupa pour tous tant que nous sommes,
  Ce Sein de Dieu.

Oculus non vidit absque te, quæ præparasti expectantibus te. *Isaia* 64.

Hæc est autem vita æterna ut cognoscant te Deum vivum, & quem misisti Jesum Christum. *Ioan.* 17.

L'Epoux Agneau fait sa Nopce eternelle,
Dans le sejour de sa gloire immortelle,
Où jamais l'œil n'a rien veu de plus beau,
Que quand il voit cette divine Essence,
Et fait aimer en cette connoissance
  L'Epoux Agneau.

F I N.

www.ingramcontent.com/pod-product-compliance
Lightning Source LLC
LaVergne TN
LVHW022211080426
835511LV00008B/1698